BEI GRIN MACHT SICH IHR WISSEN BEZAHLT

- Wir veröffentlichen Ihre Hausarbeit, Bachelor- und Masterarbeit

- Ihr eigenes eBook und Buch - weltweit in allen wichtigen Shops

- Verdienen Sie an jedem Verkauf

Jetzt bei www.GRIN.com hochladen und kostenlos publizieren

GRIN

Qualitative Inhaltsanalyse, Formulierung von konkreten Fragen, Relevanz von Gütekriterien. Vertiefung Wissenschaftliches Arbeiten

Stefanie Kunath

Bibliografische Information der Deutschen Nationalbibliothek:

Die Deutsche Nationalbibliothek verzeichnet diese Publikation in der Deutschen Nationalbibliografie; detaillierte bibliografische Daten sind im Internet über http://dnb.d-nb.de abrufbar.

ISBN: 9783346694942
Dieses Buch ist auch als E-Book erhältlich.

© GRIN Publishing GmbH
Nymphenburger Straße 86
80636 München

Alle Rechte vorbehalten

Druck und Bindung: Books on Demand GmbH, Norderstedt Germany
Gedruckt auf säurefreiem Papier aus verantwortungsvollen Quellen

Das vorliegende Werk wurde sorgfältig erarbeitet. Dennoch übernehmen Autoren und Verlag für die Richtigkeit von Angaben, Hinweisen, Links und Ratschlägen sowie eventuelle Druckfehler keine Haftung.

Das Buch bei GRIN: https://www.grin.com/document/1254737

Einsendeaufgaben

Einsendeaufgabe Alternative B

Abgegeben am 22.03.2022

SRH Fernhochschule

Modul: Wissenschaftliches Arbeiten – Vertiefung I

Studiengang: Bachelor Psychologie

Von

Stefanie Kunath

Studiengang: Bachelor Psychologie

Inhaltsverzeichnis

Einsendeaufgabe Alternative B

Textteil zu Aufgabe B1

1 Qualitative Inhaltsanalyse

1.1 Definition qualitative Inhaltsanalyse

Der Begriff qualitative Inhaltsanalyse setzt sich aus den Begriffen qualitativ und Inhaltsanalyse zusammen. „Qualitativ bedeutet "die Qualität betreffend". Qualitative Untersuchungsverfahren haben keine vergleichbaren numerischen Ergebnisse, sondern treffen unskalierte Einzelaussagen zu Eigenschaften oder Zuständen."[1] Die Inhaltsanalyse ist zu Beginn des 20. Jahrhunderts entwickelt worden, um in den so genannten Massenmedien, wie beispielsweise Zeitungen quantitative Analysen zu zum Beispiel Themen und Rubriken durchführen zu können. Im Laufe der Zeit wurde den Analytikern klar, dass nicht nur diese Bereiche wichtig zu analysieren sind. Sondern auch tieferliegende Sinngehalte, wie latente Sinngehalte und subjektive Bedeutungen. Die Stilanalyse und Wortflussanalyse kamen ergänzend hinzu.[2] Setzt man die beiden Begriffe zusammen ergibt dies den Begriff qualitative Inhaltsanalyse. Die qualitative Inhaltsanalyse besteht allgemein gesehen aus zwei Schritten. Im ersten Schritt werden einzelnen Textpassagen vom Material abgeleitete oder vorab theoriegeleitet-deduktiv postulierte Kategorien zugeordnet.[3] Dabei wird qualitativ-interpretativ vorgegangen. Parallel findet der Prozess jedoch trotzdem unter genauer Einhaltung von inhaltsanalytischen Regeln statt. Im zweiten Schritt findet eine Analyse statt, ob die festgestellten und festgelegten Kategorien auf mehrere Textstellen anwendbar sind.[4] Ein weiteres Model der qualitativen Inhaltsanalyse gibt es von Philipp Mayring. Dieser unterteilt die qualitative Inhaltsanalyse in fünf Schritte. Der erste Schritt ist „Material auswählen", der zweite Schritt ist „Richtung der Analyse festlegen" und der dritte Schritt ist „Form der Inhaltsanalyse" auswählen. Der vierte Schritt ist „Ergebnisse

---

[1] flexikon.doccheck.com (2021)
[2] Vgl. Mayring/Fenzl (2019), S. 634
[3] Vgl. Reichertz (2019), S. 70
[4] Vgl. Mayring/Fenzl (2019), S. 634

interpretieren" und der fünfte und abschließende Schritt ist „Gütekriterien sicherstellen".[5]

1.2 Einsatzmöglichkeiten der qualitativen Inhaltsanalyse

Anhand einer qualitativen Inhaltsanalyse kann die systematische Bearbeitung von Texten und ähnlichem Material stattfinden. Sie wird beispielsweise verwendet, um Forschungsfragen in einer wissenschaftlichen Arbeit, wie einer Bachelorarbeit, zu beantworten.[6] Hierbei findet sie insofern Verwendung, dass durch die Anwendung der qualitativen Inhaltsanalyse auf ein paar wenige Texte neue Überlegungen und Erkenntnisse zur gestellten Forschungsfrage gefunden werden. Entscheidend ist, dass die Forschungsfrage genauestens formuliert ist, da sie die Grundlage für die anschließende qualitative Inhaltsanalyse darstellt. Ein konkretes Beispiel wäre, wenn untersucht werden soll, ob gewisse Themen in den Medien mehr Aufmerksamkeit erfahren als andere.[7] „Finden Berichterstattungen über Prominente mehr Platz auf den ersten Seiten deutscher Tageszeitungen als politische Berichterstattung?"[8] Für die Bearbeitung der Bachelorarbeit mit Hilfe der qualitativen Inhaltsanalyse werden die fünf Schritte nach Philipp Mayring verwendet.[9] In einem ersten Schritt wird das zu verwendende Material herausgesucht. Im Beispiel bieten sich dafür drei verschiedene Zeitungen an. Anhand dieser wird beobachtet, wie häufig politische Themen und wie häufig berühmte Persönlichkeiten auf dem Titelblatt abgebildet sind.[10] Im zweiten Schritt „Richtung der Analyse festlegen" wird entschieden, wer oder was das Ziel der vorgenommenen Analyse ist. Im vorliegenden Beispiel kann unter anderem auf den Objektbereich der Fokus gelegt werden. Dafür werden über einen bestimmten Zeitraum hinweg die ersten Seiten von drei Tageszeitungen untersucht und dabei analysiert worüber berichtet wird. Im dritten Schritt wird entschieden, welche Form der Inhaltsanalyse verwendet werden soll. Im Beispiel wird sich für die strukturierende Inhaltsanalyse entschieden. Es wird ein Kodierleitfaden entwickelt. Die Grundlage für die

---

[5] Vgl. Pfeiffer (2020)
[6] Vgl. Pfeiffer (2020)
[7] Vgl. Pfeiffer (2020)
[8] Pfeiffer (2020)
[9] Vgl. Mayring/Brunner (2009), S. 674
[10] Vgl. Pfeiffer (2020)

Kriterien, welche im Kodierleitfaden Anwendung finden werden anhand geeigneter Literatur erschlossen. Im vierten Schritt werden die Ergebnisse interpretiert. Dies gelingt mit Hilfe der in Schritt vier festgelegten Kriterien des Kodierleitfadens. In diesem ist festgelegt worden, was ein Artikel enthalten muss, um in die Kategorie „Prominente" oder „Politik" zu gehören. Die Artikel, welche mit Hilfe der qualitativen Inhaltsanalyse untersucht wurden, werden nun entsprechend einsortiert. Im fünften Schritt werden die Gütekriterien sichergestellt. Transparenz wird im vorliegenden Beispiel durch genaue Benennung der verwendeten Tageszeitungen sichergestellt. Die Reichweite wird sichergestellt, indem der gleiche Kodierleitfaden und die gleichen Kriterien auf alle drei Tageszeitungen angewendet werden. Die Intersubjektivität ist dann gegeben, wenn eine andere Person dieselbe Inhaltsanalyse mit dem gleichen oder sehr ähnlichen Ergebnis durchführen könnte.[11] Eine weitere Einsatzmöglichkeit der qualitativen Inhaltsanalyse ist in der Bildungsforschung.[12] Dort findet sie vor allem dann Anwendung, wenn große Materialmengen analysiert werden sollen und eine systematische, generalisierende Auswertung im Vordergrund steht.[13] Ein konkretes Beispiel hierfür ist die Untersuchung des Lernverhaltens einer Schülergruppe. Sie wurde aufgefordert über mehrere Wochen ein Lerntagebuch zu führen. Dies konnte in schriftlicher Version oder Audioversion erfolgen. Dabei ging es sowohl um die schulische aber auch vor allem um das häusliche Lernverhalten. Anhand dieser Daten wurde im Anschluss die Auswertung mit Hilfe einer zusammenfassenden Inhaltsanalyse ausgeführt. Die Forscherin zählte mit Hilfe der gewonnenen Daten aus, welche Lernmethoden wie oft genannt wurden. Im Anschluss stellte sie es mit Hilfe einer Tabelle dar. Diese Daten lassen sich sehr gut in verschiedenen Kategorien untereinander vergleichen.[14] Das dritte Beispiel ist eine qualitative Video-Inhaltsanalyse von Schüleremotionen. Die Anwendung der qualitativen Inhaltsanalyse zur Auswertung von Videomaterial findet anhand der Ludwigsburger Lernemotionsstudien statt. Es geht darum, inwiefern Emotionen der Schüler einen Einfluss auf die Lernmotivation hat und welchen Beitrag die Qualität des Unterrichts dazu beiträgt. Emotionen spielen eine wesentliche Rolle

---

[11] *Vgl. Pfeiffer (2020)*
[12] *Vgl. Muslic/Gisske/Hartung-Beck (2020)*
[13] *Vgl. Muslic/Gisske/Hartung-Beck (2020)*
[14] *Vgl. Gläser-Zikuda (2013), S.142*

im schulischen Kontext. Dies ist bereits mehrfach wissenschaftlich in Studien belegt worden.[15] „Im Forschungs- und Nachwuchskolleg «ECOLE» (Emotional and Cognitive Aspects of Learning; vgl. Gläser-Zikuda et al., im Druck) wurden im Rahmen einer Interventionsstudie videobasierte Unterrichtsaufnahmen in 7 Klassen der 8. Klassenstufe an Haupt-, Realschulen und Gymnasien in den Fächern Biologie, Deutsch und Physik durchgeführt. Videographiert wurden in jeder Klasse insgesamt drei ausgewählte Unterrichtsstunden (die erste Stunde: Einstieg in das Thema, eine Stunde in der Erarbeitungsphase und eine in der Übungsphase)."[16] Es wurden Aufnahmen in Treatment- und Kontrollklassen durchgeführt. Eine Kamera visierte die Lehrkraft an, eine die Schüler. Im Anschluss wurden die Aufnahmen mit Hilfe eines Programms analysiert. Das weitere Auswertungsschema wurde anhand der qualitativen Inhaltsanalyse nach Mayring entwickelt.[17] Die Analyse wurde kategoriengeleitet angewandt. Die sechs Kategorien waren Ärger; Angst/Unsicherheit; Langeweile; Freude; Interesse; Zufriedenheit. Diese Emotionen wurden beobachtet und kategorisiert. Es wurde die deduktive Kategorienanwendung verwendet. Damit eine Emotion kodiert wurde mussten mindestens zwei Regungen auf diese Emotion hindeuten. Ein Kodierleitfaden wurde erstellt, „[…] der genaue, theoriegeleitet entwickelte Kategoriendefinitionen und Kodierregeln enthält."[18] Dieser Maßstab (nur bei mindestens zweimaligem Auftreten einer Reaktion, welche auf diese Emotion schließen lies wurde sie kodiert) wurde in dem Kodierleitfaden festgehalten. Außerdem wurden speziell vier Schülerinnen einzeln von den Forschern beobachtet. Dadurch wurde festgelegt, dass nur die Emotionen, welche auf Grund des Physikunterrichts gezeigt wurden kodiert wurden. Anschließend fand die Pilottestung des Kodierleitfadens statt. Im Anschluss wurde das gesammelte Videomaterial systematisch anhand der Kategorien und des überarbeiteten Kodierleitfadens durchgearbeitet. Dabei wurden die Emotionen ereignisbezogen in Intervallen von fünf Sekunden kodiert. Hielt eine Emotion über ein Intervall an wurde sie im nächsten Intervall erneut kodiert.   Abschließend wurde die Beobachterübereinstimmung überprüft. Dies kann dadurch geschehen, indem die durch die Kodierung der gezeigten Emotionen jedes einzelnen Schülers mit

---

[15] Vgl. Hascher: 2004
[16] Mayring, P./Gläser-Zikuda, M./Ziegelbauer, S., S. 6
[17] Vgl. Mayring, P.: 2003
[18] Mayring, P./Gläser-Zikuda, M./Ziegelbauer, S., S. 6

den am Ende der Physikstunde ausgefüllten Fragebogen verglichen werden.[19]

1.3 Ablauf einer inhaltlich strukturierenden qualitativen Inhaltsanalyse

Die inhaltlich strukturierende qualitative Inhaltanalyse verfolgt eine sowohl deduktive Logik[20] als auch induktive Logik.[21] Den Mittelpunkt einer jeden inhaltlich strukturierenden qualitativen Inhaltsanalyse stellt die Zusammenstellung eines Kategoriensystems dar. Diese Kategorienbildung kann sowohl deduktiv als auch induktiv oder einer Mischform aus beiden geschehen.[22] Der Ablauf ist folgendermaßen: Es liegt eine Forschungsfrage vor. Zu dieser findet zunächst eine initiierte Textarbeit statt. Die wichtigsten Textstellen werden markiert und Memos werden erstellt.[23] In diesen Memos werden erste Besonderheiten und Auswertungsideen festgehalten.[24] Diese werden im Anschluss gesichtet und in dazu thematisch passende Hauptkategorien eingeteilt es findet eine Codierung statt. Damit dies geschehen kann werden diese Hauptkategorien nach den vorhandenen, zu erforschenden Themen entwickelt. Die Textstellen werden im Anschluss zu den einzelnen Hauptkategorien, je nach Codierung, zusammengestellt. Die Anzahl der Hauptkategorien liegt in etwa zwischen 10 und 20 Kategorien. Sie werden in ein erstes Kategoriensystem einsortiert. Im Anschluss findet ein induktives Bestimmen von Subkategorien am Material statt.[25] Diese sind differenzierter und genauer als die zuvor festgelegten Hauptkategorien. Es findet in einem zweiten Materialdurchlauf ein erneutes Codieren des vorhandenen Datenmaterials statt. Ist dieser Schritt der inhaltlich strukturierenden qualitativen Inhaltsanalyse erledigt wird in einem abschließenden Schritt eine kategorienbasierte Auswertung durchgeführt. Mit Hilfe dieser Auswertung wird schlussendlich das Ergebnis dargestellt. Dies findet anhand eines geschriebenen Forschungsberichts statt. Dafür wird das

---

[19] *Mayring, P./Gläser-Zikuda, M./Ziegelbauer, S., S. 10*
[20] *Vgl. Gläser-Zikuda (2013), S.143*
[21] *Vgl. Ruhr-Universität Bochum (2021)*
[22] *Vgl. Gläser-Zikuda (2013), S.143*
[23] *Vgl. Kuckartz, U.: 2014, S. 78*
[24] *Vgl. Ruhr-Universität Bochum (2021*
[25] *Vgl. Kuckartz, U.: 2014, S. 78*

Datenmaterial, welches zuvor durch eine Codierung in Kategorien eingeteilt wurde, aufbereitet.[26]

1.4 Ablauf einer evaluativen qualitativen Inhaltsanalyse

Der Ablauf einer evaluativen qualitativen Inhaltsanalyse gliedert sich in sieben Phasen. In der ersten Phase wird die Bewertungskategorie beziehungsweise die Bewertungskategorien festgelegt. Dabei muss beachtet werden, was dafür spricht genau diese Kategorien als die bewerteten und nicht nur thematisch Aufgeführten, zu verwenden.[27] Da die Bildung und die Codierung der zu bewertenden Kategorien einen großen Aufwand darstellen ist dieser Schritt wichtig, um Zeit einzusparen. Nur die Bewertungskategorien, welche für die Beantwortung der Forschungsfrage relevant sind, werden deshalb weiterverwendet.[28] Anhand der festgelegten und codierten Kategorien wird das gesamte vorliegende Material in Phase zwei genau durchgearbeitet. Dabei wird die festgelegte Kategorie wie eine Schablone über den vorliegenden Text gelegt, um festzustellen, was für die Fragestellung relevant ist. Diese Abschnitte des Materials werden markiert und mit dem entsprechenden Code versehen. Liegen mehrere Bewertungskategorien und Codes vor wird das Material zu jedem der Codes einzeln bearbeitet, markiert und codiert.[29] In der dritten Phase einer evaluativen qualitativen Inhaltsanalyse werden alle Textstellen, welche aus beispielsweise einem Interview einer Person stammen und die mit demselben Code versehen wurden in einer Tabelle oder Liste thematisch sortiert und zusammengefasst. In der vierten Phase werden die Ausprägungen der Bewertungskategorie formuliert. Dadurch können die zuvor kategorisierten Fundstellen zugeordnet und falls notwendig die Definition und Zahl der Ausprägungen korrigiert werden. Dies geschieht dadurch, dass möglichst viele Fundstellen gelesen werden. Durch die dadurch festgestellte Ausprägung der einzelnen Kategorien kann dann der Grad der Differenziertheit für die evaluativen Unterscheidungen festgelegt werden.[30] Da das codierte Material einer Person

---

[26] Vgl. Kuckartz, U.: 2007, S. 77
[27] Vgl. Kuckartz, U.: 2014, S. 100f.
[28] Vgl. Ornau, F.: 2015, S. 49
[29] Vgl. Kuckartz, U.: 2014, S. 101
[30] Vgl. Kuckartz, U.: 2014, S. 102ff.

nicht immer zu hundert Prozent den anderen Ausprägungen zuzuordnen ist, ist es wichtig, dass es bei den zuzuordnenden Ausprägungen neben den Ausprägungsstärken „hohe Ausprägung der Kategorie" und „geringe Ausprägung der Kategorie" ebenfalls die „nicht genau klassifizierbar" gibt.[31] Gegebenenfalls kann es dazu kommen, dass das Material mehrfach gesichtet werden muss, was zur Veränderung der Definitionen und/oder Zahl der Ausprägungen führen kann.[32] In der fünften Phase wird das gesamte, vorhandene Material hinsichtlich der interessierenden Kategorie bewertet. Durch diese Bewertung ist es möglich die einzelnen Aussagen zu codieren. Alle Antworten der Befragten, werden unter dem Aspekt der zuvor als wichtig festgelegten Kategorie bearbeitet und codiert. Ist bei einer Person die Ausprägung nicht genau definierbar wird sie trotzdem einer Ausprägung zugeordnet. Dies wird parallel in einem Memo festgehalten. Während dieser Phase wird nicht rein mechanisch vorgegangen, sondern es wird gleichzeitig darauf geachtet gute Beispiele, welche im abschließenden Bericht Erwähnung finden sollen festzuhalten. Diese können als sogenannte Ankerbeispiele dienen, welche dabei helfen die Kategorie zu definieren. In dieser Phase ist es ebenfalls immer noch möglich Ausprägungen weiter zu präzisieren. Geschieht dies ist zu beachten, dass dies zu der Notwendigkeit führen kann, die Ausprägungen erneut zu bewerten und zu codieren.[33] In der sechsten Phase findet die kategorienbasierte Auswertung statt. Hierbei gibt es sieben verschiedene Formen der Auswertung. Diese weißen einen immer höheren Komplexitätsgrad auf. Die sieben Auswertungsformen sind die deskriptive Auswertung einzelner Kategorien, Verbal-interpretative Auswertung einzelner Kategorien, Kreuztabellen mit anderen evaluativen Kategorien, Kreuztabellen der Zusammenhänge mit soziodemographischen Merkmalen, tabellarische Übersichten (multivariat), Zusammenhänge mit thematischen Kategorien (Kreuztabellen und Segmentmatrix), vertiefende Einzelfallinterpretationen.[34] Dabei finden die ersten beiden Auswertungsformen in Phase sechs statt und die dritte bis siebte in Phase sieben, da diese komplexere Analysen beinhalten. Zumeist sind dies die Untersuchungen zu Zusammenhängen.[35]

---

[31] Vgl. Kuckartz, U.: 2014, S. 102
[32] Vgl. Kuckartz, U.: 2014, S. 102
[33] Vgl. Hertling, D.: 2019, S. 149f
[34] Vgl. Kuckartz, U.: 2014, S. 109
[35] Vgl. Kuckartz, U.: 2014, S. 110

1.5 Unterschiede zwischen der inhaltlich strukturierenden und der evaluativen qualitativen Inhaltsanalyse

Zwischen der inhaltlich strukturierenden und der evaluativen qualitativen Inhaltsanalyse gibt es einige Unterschiede. Für die Identifikation von Themen und Sachverhalten und deren Systematisierung wird die inhaltlich strukturierende Inhaltsanalyse herangezogen. Soll eine Klassifizierung von Inhalten stattfinden wird die evaluative qualitative Inhaltsanalyse angewendet. Bei der inhaltlich strukturierenden Inhaltsanalyse ist es möglich frei und kreativ Kategorien passend zum zu erforschenden Material zu bilden. Für die evaluative qualitative Inhaltsanalyse sind hingegen sehr gute sprachliche und Interpretationskompetenzen wichtig. Bei der inhaltlich strukturierenden Inhaltsanalyse findet zunächst eine nicht vollständige Codierung statt.[36] „So wird beispielsweise in einem ersten Durchlauf das Material mit zehn deduktiven Kategorien codiert; im zweiten Durchlauf wird dann durch die Arbeit am Material induktiv das Kategoriensystem ausdifferenziert."[37] Bei der evaluativen qualitativen Inhaltsanalyse ist es entscheidend, wie die Codierung des Materials erfolgt ist. Die Bewertungen können bei dieser Form der Inhaltsanalyse entweder auf einem nominalen, einem metrischen oder ordinalem Skalenniveau festgehalten werden.[38]

Textteil zu Aufgabe B2

2 Formulierung von konkreten Fragen

Für die Formulierung von konkreten Fragen für ein Interview gibt es wichtige Kriterienpunkte, welche eingehalten werden müssen.[39] Erstens dürfen keine selten gebräuchlichen Fachausdrücke oder Fremdwörter verwendet werden. Die Fragen sollen möglichst einfach formuliert sein, damit jeder unabhängig seines

---

[36] *Vgl. Kuckartz, U.: 2018, S. 97ff*
[37] *writing-science.com: 2022*
[38] *Vgl. Kuckartz, U.: 2018, S. 123ff*
[39] *Vgl. Schnell/Hill/Esser (1999), S. 309f*

Bildungsstandes sie verstehen kann und nicht auf Grund von Unverständnis irgendeine Antwort oder keine angibt.[40] Ein positives Beispiel hierfür wäre: „Möchte ihr Kind gerade alles selbst machen?" Ein negatives Beispiel wäre: „Befindet sich ihr Kind gerade in der Autonomiephase?" Die Fragen dürfen nicht zu lang sein, da sonst ebenfalls die Gefahr besteht, dass der Interviewte sie nicht versteht oder nur teilweise beantwortet.[41] Ein positives Beispiel hierfür wäre: „Gehen sie gerne Zelten?" Ein negatives Beispiel wäre: „Wenn das Wetter schön ist und sie frei haben und jemanden finden der sie begleitet gehen sie dann gerne an den See zum Zelten?!" Des Weiteren müssen die Fragen eindeutig formuliert sein. Eine Frage darf nicht so formuliert sein, dass nicht klar ist worauf der Interviewer hinausmöchte.[42] Ein positives Beispiel hierfür: „Ist ihre Jacke von der Marke XY?" Ein Negativbeispiel wäre: „Das Kleidungsstück, ist das von dem Geschäft hinter der Kirche?" Fragen müssen konkret formuliert sein und dürfen nicht zu allgemein gehalten werden. So kann zum Beispiel die Frage gestellt werden „Wie zufrieden sind sie mit ihrem Hobby Reiten" und nicht eine allgemein gehaltene Frage, wie „Wie zufrieden sind sie mit ihrem Leben?". Eine Frage darf nur einen Sachverhalt beinhalten nicht mehrere.[43] Ein mögliches positives Beispiel dafür: „Würden Sie am Wochenende abends Cocktails trinken gehen, unter der Woche aber nicht?" Außerdem sollte eine Frage nicht hypothetisch formuliert werden.[44] „Angenommen sie würden eine große Summe Geld gewinnen und davon ein Haus kaufen, würden Sie das dann vermieten?" Besser wäre zu fragen: „Wenn sie eine große Summe gewinnen, würden sie in das davon gekaufte Haus selbst einziehen?" Ebenfalls nicht zulässig sind doppelte Verneinungen in Fragen, diese könnten den Gegenüber verwirren oder er könnte eine Verneinung überhören und deshalb das Gegenteil dessen antworten, was er eigentlich meint.[45] Ein empfehlenswertes Beispiel hierfür wäre: „Gehen sie gerne auswärts essen?" Schlecht formuliert hingegen wäre die Frage folgendermaßen: „Gehen Sie nicht nicht gerne auswärts essen?"

---

[40] Vgl. Renner, K.-H./Jacob, N.-C.: 2020, S. 48
[41] Vgl. Renner, K.-H./Jacob, N.-C.: 2020, S. 48
[42] Vgl. Renner, K.-H./Jacob, N.-C.: 2020, S. 48
[43] Vgl. Lang,S.: 2020
[44] Vgl. Schnell/Hill/Esser (1999), S. 309f
[45] Vgl. Renner, K.-H./Jacob, N.-C.: 2020, S. 49

Ebenfalls vermieden werden sollte eine Überforderung durch eine gestellte Frage.[46] Da dies sowohl zu einer Falschaussage als auch zu einem Abbruch des Interviews führen könnte. Ein positives Beispiel wäre, wenn darauf verzichtet wird die Person direkt selbst nach einem Sachverhalt zu fragen, sondern sie allgemein zu halten. „Wissen sie wie viel eine Erzieherin Netto pro Monat verdient?". Schlecht wäre es direkt zu fragen: „Wie viel verdienen sie denn Netto und ist das das normale Gehalt einer Erzieherin?" Dasselbe gilt für Fragen, welche der befragten Person zu privat erscheinen oder durch die sie sich bedrängt oder beleidigt fühlt.[47] Ein negatives Beispiel dafür ist: „Haben sie und ihr Mann sich wirklich über die Datingseite kennengelernt?" Besser wäre: „Wie haben sie und ihr Mann sich kennengelernt?" Bei Variante zwei hat die Person die Möglichkeit die Antwort dementsprechend auszuformulieren, wie sie sich wohlfühlt. Vermieden werden sollten retrospektive Fragen. Diese befassen sich mit Meinungen und Einstellungen, welche zu einem früheren Zeitpunkt vertreten wurden und sind nicht mehr unbedingt gültig. Eine Person könnte durch die Antwort, welche sie bei einer solchen Frage gibt in eine falsche Kategorie einsortiert werden, da sie die Meinung, welche sie damals vertreten hat, mittlerweile nicht mehr vertritt, dies jedoch in den Antwortmöglichkeiten nicht vertreten wird.[48] Ein Negativbeispiel für diese Frageformulierung wäre: „Sind sie damals Impfgegner gewesen?" Eine bessere Formulierung der Frage wäre: „Wie stehen sie zur Coronaimpfung?" Zudem muss darauf geachtet werden, dass die Fragestellung im Befragten nicht das Gefühl weckt eine sozial erwünschte Antwort zu geben.[49] Dies bedeutet, dass die Frageformulierung so gewählt werden sollte, dass die gesuchte Antwort indirekt erfasst werden kann. Am besten ist es hier stellvertretende Fragen zu stellen, welche nicht eindeutig auf den Sachverhalt hindeuten, da dieser bei gewissen Themen verfälscht sein kann. Ein Negativbeispiel wäre: „Trinken sie Alkohol?" Eine mögliche andere Formulierung, welche zielführender sein kann ist: „Was ist ihr Lieblingsgetränk beim abendlichen Treffen mit ihren Freunden?" Werden alle die genannten Punkte berücksichtigt entsteht ein effektives Interview mit konkreten Fragen.

---

[46] Vgl. Schnell/Hill/Esser (1999), S. 309f
[47] Vgl. Schnell/Hill/Esser (1999), S. 309f
[48] Vgl. Schnell/Hill/Esser (1999), S. 309f
[49] Vgl. Schuler, H.: 2018, S. 204

Textteil zu Aufgabe B3

3 Gütekriterien

3.1 Notwendigkeit und Relevanz von Gütekriterien in der qualitativen Forschung

3.1.1 Definition Gütekriterien allgemein

Gütekriterien werden herangezogen, wenn die Qualität der Daten, welche bei einem Messvorgang erhoben wurden, beurteilt werden soll.[50]

3.1.2 Gütekriterien in der qualitativen Forschung

In der quantitativen Forschung gibt es festgelegte Gütekriterien. Die Objektivität, Validität und Reliabilität. In der qualitativen Forschung hingegen haben sich noch keine Gütekriterien fest etabliert. Es liegen jedoch verschiedene ausdifferenzierte Vorschläge zur Güteabschätzung des qualitativ-methodischen Vorgehens vor.[51] Es haben sich in der Literatur drei unterschiedliche Auffassungen gegenüber geeigneten Gütekriterien in der qualitativen Forschung ergeben. Erstens die Auffassung, dass keinerlei Gütekriterien auf die qualitative Forschung anwendbar sind.[52] Zweitens die Auffassung, dass die Gütekriterien der quantitativen Forschung in modifizierter Form geeignet sind auf die qualitative Forschung angewendet zu werden.[53] Drittens, die Auffassung, dass es die Möglichkeit gibt, eigens für die qualitative Forschung entwickelte Gütekriterien anzuwenden.[54] Die erste Auffassung ist kritisch zu sehen, da wenn es gar keine Gütekriterien gibt Forschung zu willkürlich werden könnte. Im Folgenden soll die Notwendigkeit und Relevanz von Gütekriterien in der qualitativen Forschung dargelegt werden.

---

[50] *Vgl. Wübbenhorst, K.: 2018*
[51] *Vgl. Mey, G./Vock, R./Ruppel, P. S.: 2018*
[52] *Vgl. Richardson, L.: 2000, S. 931*
[53] *Vgl. Miles, M. B./Huberman, A. M.: 1994, S. 277ff*
[54] *Vgl. Flick, U.: 2008*

3.1.3 Notwendigkeit und Relevanz von Gütekriterien in der qualitativen Forschung

Die qualitative Forschung beinhaltet sehr viele Forschungsentscheidungen, was bedeutet, dass es sich um einen lang andauernden Prozess mit vielen Schritten handelt. Zudem wird durch die Anwendung von Methoden gleichzeitig die Methode analysiert, wie passend sie bereits ist und inwiefern sie weiterentwickelt werden muss, um die Forschung optimal voranzubringen. Um dies zu ermöglichen wird der gesamte Prozess dokumentiert und dargelegt. Dies gilt für die Forschungsfrage ebenso, wie für die Begründung für die gewählten Verfahren bis zur konkreten Umsetzung der Forschungsarbeit. Dies beinhaltet die Wahl der Samplingstrategie und die Auswahl der Studienteilnehmer. Auch die anschließende Auswertung der Daten und deren Interpretation müssen transparent dargestellt werden. Um dies festzulegen ist es sinnvoll die Transparenz als ein Gütekriterium der qualitativen Forschung zu definieren. Ohne die Transparenz gäbe es keine Möglichkeit die Vorgehensweise für die Personen festzuhalten, welche dem Forschungsthema möglicherweise in Zukunft nachgehen werden. Mit den Ergebnissen allein könnten sie höchstwahrscheinlich nicht viel anfangen. Haben sie durch die Transparenz der bereits vorhandenen Forschungsarbeit jedoch die Möglichkeit nachzulesen und nachzuvollziehen, wie ihre Vorgänger vorgegangen sind können sie sich daran orientieren und an der entscheidenden Stelle einen ihnen eigenen Forschungsweg gehen, was zu weiteren Erkenntnissen und entweder gleichen oder neuen Ergebnissen führt, somit die Forschung vorantreibt. Des Weiteren ist aus Gründen der Glaubwürdigkeit notwendig und relevant Gütekriterien für die qualitative Forschung zu haben, da die Gütekriterien die Glaubwürdigkeit stärken. Wenn nachgewiesen werden kann, dass die Daten festgehalten wurden und der Transkriptionsprozess korrekt angewendet wurde hilft dies den dargelegten Antworten des beispielsweise Interviews zu glauben.[55] Wäre dieses Gütekriterium nicht angewandt worden würde dies die Qualität mindern. Zusammenfassend kann zur Relevanz und Notwendigkeit der Gütekriterien in der qualitativen Forschung gesagt werden, dass sie von großer Bedeutung ist. Es ist jedoch schwierig ist allgemein gültige Gütekriterien festzulegen, da je nach

---

[55] *Vgl. Kuckartz, U.: 2014, S. 167*

Forschungsfrage unterschiedliche Zusammensetzungen der Gütekriterien sinnvoll sind. Wichtig ist jedoch, dass das Vorgehen offengelegt wird, damit es intersubjektiv nachvollziehbar ist.[56]

3.2 Relevante Gütekriterien in der qualitativen Forschung

Es gibt mehrere Gütekriterien, welche in der qualitativen Forschung Anwendung finden.[57] Aus der Sicht der Autorin dieses Textes sind die Gütekriterien Nachvollziehbarkeit[58], Nähe zum Gegenstand[59], reflektierte Subjektivität[60] und empirische Verankerung[61] am relevantesten und sollen im Folgenden vertiefend dargestellt werden.

3.2.1 Nachvollziehbarkeit

Die intersubjektive Nachvollziehbarkeit nach Steinke ist ein zentrales Gütekriterium der qualitativen Forschung. Sie ist durch die einfache und verständliche Darstellung des gesamten Forschungsprozesses zu ermöglichen. Dieses Gütekriterium fällt unter die Auffassung drei, dass es möglich und wichtig ist neue Kriterien, speziell für die qualitative Forschung, zu bilden.[62] Die Vertreter dieser Auffassung lehnen es ab Gütekriterien der quantitativen Forschung direkt zu übertragen. Durch die leicht zu verstehende Darstellung wird erreicht, dass jeder der Interesse daran hat den Forschungsprozess nachvollziehen kann und sich dadurch seine eigene Meinung zu den gefundenen Ergebnissen bilden kann.[63] Nachvollziehbarkeit bezieht sich außerdem darauf, ob die ursprüngliche Quelle der Daten rückverfolgt werden kann.

3.2.2 Nähe zum Gegenstand

Die Nähe zum Gegenstand ist eines der Gütekriterien für die qualitative Forschung nach Mayring. Ist die Nähe zum Gegenstand vorhanden so ist die Gegenstandsangemessenheit gegeben. Dies ist eine wichtige Grundlage in jeder

---

[56] Vgl. Mey, G./Vock, R./Ruppel, P. S.: 2018
[57] Vgl. Steinke, I.: 2008, S. 324ff
[58] Vgl. Lincoln, Y. S./Guba, E. G.: 1985, S. 290
[59] Vgl. Mayring, P.: 2010, S. 118
[60] Vgl. Steinke, I.: 2008, S. 319ff
[61] Vgl. Steinke, I.: 2008, S. 324ff
[62] Vgl. Flick, U.: 2008
[63] Vgl. Rellensmann, J.: 2018, S. 124

Forschungsart. In der qualitativen Forschung wird dieses Gütekriterium erfüllt, indem der Forscher direkt an der wahren Lebenswelt der untersuchten Person teilnimmt. Es findet keine Untersuchung anhand einer künstlich hergestellten Umgebung in einem Labor statt, sondern der Forscher begibt sich in die reale Umgebung. Der Forscher und das Forschungssubjekt arbeiten gemeinsam an der Erforschung. Das Forschungssubjekt weiß über den Forschungsgegenstand Bescheid. Es gibt keine Verschleierung oder Täuschung. Beide haben ein Interesse daran ein wahrheitsgemäßes Ergebnis zu bekommen. Dadurch erhält man die größtmögliche Nähe zum Gegenstand. Abschließend ist es wichtig zu überprüfen, ob die Forschung im Sinne des Betroffenen stattgefunden hat.[64]

3.2.3 Reflektierte Subjektivität

„Die Reflektierte Subjektivität […] ist das Gegenstück der qualitativen Forschung zur Sicherung der internen Validität in der quantitativen Forschung (Max-Kon-Min-Prinzip)."[65] Mit ihrer Hilfe wird definiert, wie die festgelegte Rolle der Subjektivität des Forschers für die Theoriebildung reflektiert wurde.[66] Bei der qualitativen Forschung wird der Forscher zum Teilelement der Forschung. Die Rolle des Forschers muss somit als beeinflussender Faktor mitberücksichtigt werden. Er ist an der Festlegung des zu erforschenden Gegenstands und bei der Bildung der Theorie aktiv beteiligt. Durch das Wissen um die aktive Teilhabe des Forschers im Forschungsgeschehen kann der Leser der Forschungsergebnisse diese besser verorten und kritisch auf den empirischen Gehalt überprüfen. Die festgehaltenen Ergebnisse werden mit den Empfindungen des Forschers[67] „[…] (seine Ängste, Störungen, Irritationen usw.)"[68] zugeordnet und können somit den vorgestellten Reflexionstechniken ebenfalls zugeordnet werden. Dies führt zur Reflektierten Subjektivität.[69]

---

[64] Vgl. Fahrner, U./Langfelder, H.: 2019
[65] Freikamp, U.: 2008, S. 225
[66] Vgl. Steinke, I.: 2008, S. 208
[67] Vgl. Freikamp, U.: 2008, S. 225
[68] Freikamp, U.: 2008, S. 225
[69] Vgl. Freikamp, U.: 2008, S. 225

3.2.4 Empirische Verankerung

Mit Hilfe der empirischen Verankerung soll sichergestellt werden, dass die Ergebnisse, welche durch die Studie zustande kamen in den vorliegenden Daten etabliert wurden. Damit dies gewährleistet ist müssen genügend Textbelege für die Ergebnisse vorliegen. Durch Falsifizierung anhand von unter anderem Negativbeispielen findet eine kritische Überprüfung der Ergebnisse statt. Außerdem findet ein sogenannter „member check" statt. Dies ist der Fall, wenn die Sichtweisen der Untersuchungsteilnehmer in die Theorienbildung miteingeflossen sind.[70]

3.3 Inhaltsanalyse mit Hilfe der Gütekriterien als mögliches Auswertungstool für qualitative Interviewdaten

Das Gütekriterium der intersubjektiven Nachvollziehbarkeit findet bei der qualitativen Inhaltsanalyse eine Anwendung. Bereits in der Planungsphase ist es wichtig, dass die Begründung für die Wahl der Forschungsfrage und die Bildung der Hypothesen für alle nachvollziehbar wird. Ebenfalls der Grund für die Art der Stichprobenauswahl, da diese im späteren Verlauf Einfluss darauf hat wie das Interview verlaufen wird. In der Entwicklungsphase ist die Einhaltung des Gütekriteriums der intersubjektiven Nachvollziehbarkeit ebenfalls von großer Bedeutung. In diesem Schritt wird das Kategoriensystem entwickelt und die Codierregeln festgelegt. Diese werden in einem Codebuch festgehalten. Dies sichert die intersubjektive Nachvollziehbarkeit. Die Testphase ist wichtig, um festzustellen, ob mehrere unabhängige Codierer auf die gleiche Codierung kommen. Ist dies nicht der Fall muss das Codebuch überarbeitet werden da das Gütekriterium ansonsten nicht erfüllt ist. In der anschließenden Codierphase findet die eigentliche Codierung statt. Das Material wird nach dem Zufallsprinzip verteilt. Bei dieser endgültigen Codierungsphase muss ebenfalls sichergestellt sein, dass die intersubjektive Nachvollziehbarkeit gegeben ist. Dafür muss sichergestellt werden, dass jeder nachvollziehen kann, wieso welche Kategorie welchen Code erhalten hat. In der abschließenden Auswertungsphase findet die Auswertung der gewonnenen Daten anhand von statistischen Analyseverfahren statt. Diese Auswertung kann mit Hilfe von verständlicher Sprache oder

---

[70] *Vgl. Wassong, T.:2017, S. 270*

ergänzenden Notizen ebenfalls das Gütekriterium erfüllen.[71] Das Gütekriterium Nähe zum Gegenstand lässt sich vor allem auf die Planungsphase anwenden, indem es in der Festlegung der Forschungsfrage und der Hypothesenfindung berücksichtigt wird. In den restlichen Schritten der qualitativen Inhaltsanalyse in denen es um die Codierung geht findet dieses Gütekriterium eher indirekte Anwendung da es vor allem bei der Durchführung des Interviews verwendet wird, indem dies in der gewohnten Umgebung der interviewten Person stattfindet und weniger mit der Codierung der einzelnen Kategorien.[72] Das Gütekriterium der reflektierten Subjektivität kann auf die qualitative Inhaltsanalyse angewendet werden. Insbesondere im ersten Schritt, welcher die Planung beinhaltet. Berücksichtigt man das Gütekriterium so wird darauf geachtet, dass bei der Festlegung der Forschungsfrage der Interviewleiter beteiligt ist ebenso wie an der Entwicklung der Hypothesen. Damit das Gütekriterium erfüllt wird ist zudem darauf zu achten, dass es in der Auswertungsphase besonders wichtig ist, da hier wieder der subjektive Einfluss, welcher durch die aktive Teilhabe des Forschers und der unverschleierten Forschungsinhalte entstanden ist, besonders berücksichtigt werden muss.[73] In den Phasen dazwischen findet es jedoch keine bis kaum Anwendung. Das Gütekriterium der empirischen Verankerung findet in der Auswertungsphase seine Anwendung. In den Phasen zuvor wird es jedoch nicht angewandt. Das Gütekriterium ist eine gute Methode, um mit Hilfe der Inhaltsanalyse des Interviews die Auswertung der qualitativen Interviewdaten vorzunehmen. Es untersucht mit Hilfe von unter anderem Negativbeispielen die Ergebnisse und deren Verankerung in den gewonnenen Daten.[74] Zusammenfassend kann festgehalten werden, dass die gewählten Gütekriterien alle eine Anwendung in der Inhaltsanalyse von qualitativen Interviewdaten finden können. Jedes deckt dabei einen gewissen Bereich der Inhaltsanalyse ab. Mit Hilfe dieser Gütekriterien kann somit eine Sicherstellung der Güte der gewonnenen Interviewdaten erfolgen.

---

[71] Vgl. Steinke, I.: 2008, S. 208
[72] Vgl. Fahrner, U./Langfelder, H.: 2019
[73] Vgl. Freikamp, U.: 2008, S. 225
[74] Vgl. Wassong, T.:2017, S. 270

Literaturverzeichnis

Fahrner, U./Langfelder, H. (2019). Nähe zum Gegenstand, https://onlinekurslabor.phil.uni-augsburg.de/course/text/3618/3479 , abgerufen am 09.02.2022

flexikon.doccheck.com (2021). Qualitativ, https://flexikon.doccheck.com/de/Qualitativ , abgerufen am 01.12.2021

Flick, U.: Konstruktivismus. In: Flick, U./Kardoff, E. v./Steinke, I.: Qualitative Forschung: Ein Handbuch. Rowohlt. Reinbek bei Hamburg 2008

Flick, U.: Sozialforschung, Methoden und Anwendungen. Rowohlt. Reinbek bei Hamburg 2009

Freikamp, U. (2008). Bewertungskriterien für eine qualitative und kritisch-emanzipatorische Sozialforschung. In: Freikamp, U./Leanza, M./Mende, J./Müller, S./Ulrich, P./Voß, H.-J. (Hrsg.) Kritik mit Methode? Forschungsmethoden und Gesellschaftskritik. Dietz Verlag. Berlin 2008

Gläser-Zikuda (2013).Qualitative Inhaltsanalyse in der Bildungsforschung – Beispiele aus diversen Studien. In: Aguado, K./Heine, L./Schramm, K. (Hrsg.) Introspektive Verfahren und Qualitative Inhaltsanalyse in der Fremdsprachenforschung. Peter Lang. Berlin.

Hascher, T. (2004). Wohlbefinden in der Schule. Münster: Waxmann.

Hertling, D.: Zahlbegriffsentwicklung bei Kindergartenkindern: Lernentwicklungen in verschiedenen Settings zur mathematischen Frühförderung.1. Auflage. Springer Verlag. Wiesbaden 2019

Kuckartz, U.: Einführung in die computergestützte Analyse qualitativer Daten. 2. Auflage. VS Verlag. Wiesbaden 2007

Kuckartz, U.: Qualitative Inhaltsanalyse: Methoden, Praxis, Computerunterstützung. 2. Auflage. Beltz Juventa. Weinheim/Basel 2014

Kuckartz, U.: Qualitative Inhaltsanalyse. Methoden, Praxis, Computerunterstützung (Grundlagentexte Methoden). Weinheim/Basel 2018

Lang, S. (2020). Empirische Forschungsmethoden, https://www.uni-trier.de/fileadmin/fb1/prof/PAD/SP2/Allgemein/Lang_Skript_komplett.pdf , abgerufen am 07.02.2022

Lincoln, Y. S./Guba, E. G.: Naturalistic Inquiry. Sage Publications. Beverly Hills 1985

Mayring, Ph. (2003). Qualitative Inhaltsanalyse. Grundlagen und Techniken (8. Aufl.). Weinheim: Beltz UTB.

Mayring, P., Gläser-Zikuda, M., & Ziegelbauer, S. (2005). Auswertung von Videoaufnahmen mit Hilfe der Qualitativen Inhaltsanalyse - ein Beispiel aus der Unterrichtsforschung. MedienPädagogik, 9, 1-17. https://nbnresolving.org/urn:nbn:de:0168-ssoar-3414

Mayring P./ Brunner E. (2009). Qualitative Inhaltsanalyse. In: Buber R., Holzmüller H.H. (Hrsg.) Qualitative Marktforschung. Gabler. Wiesbaden.

Mayring, P.: Qualitative Inhaltsanalyse: Grundlagen und Techniken. 11. Auflage. Beltz. Weinheim 2010

Mayring, P./Fenzl, T. (2019). Qualitative Inhaltsanalyse. In: Baur, N./Blasius, J. (Hrsg.). Handbuch Methoden der empirischen Sozialforschung. 2. Auflage. Springer Verlag. Wiesbaden.

Mey, G./Vock, R./Ruppel, P. S. (2018). Gütekriterien qualitativer Forschung, https://studi-lektor.de/tipps/qualitative-forschung/guetekriterien-qualitativer-forschung.html , abgerufen am 09.02.2022

Miles, M. B./Huberman, A. M.: Qualitative Data Analysis. An Expanded Sourcebook. 2.Auflage. Sage Publications. Thousand Oaks 1994

Musslic, B./Gisske, A./Hartung-Beck, V. (2020). Die qualitative Inhaltsanalyse innerhalb der empirischen Bildungsforschung. Einsatzmöglichkeiten in einer sekundäranalytischen Längsschnittstudie zur Identifikation von Reorganisationsmustern schulischer Organisationen, http://www.qualitative-research.net/ , abgerufen am 01.12.2021

Ornau, F. (2015). Inhaltsanalyse.1. Auflage.SRH Riedlingen.Riedlingen

Pfeiffer, F. (2020). Die qualitative Inhaltsanalyse nach Mayring für die Bachelorarbeit nutzen, https://www.scribbr.de/methodik/qualitative-inhaltsanalyse/ , abgerufen am 01.12.2021

Raake, A.: Strategisches Performance Measurement. Anwendungsstand und Gestaltungsmöglichkeiten am Beispiel des öffentlichen Personennahverkehrs. LIT Verlag. Berlin/Münster 2008

Reichertz, J. (2019). Empirische Sozialforschung und soziologische Theorie. In: Baur, N./Blasius, J. (Hrsg.). Handbuch Methoden der empirischen Sozialforschung. 2. Auflage. Springer Verlag. Wiesbaden.

Rellensmann, J.: Selbst erstellte Skizzen beim mathematischen Modellieren: Ergebnisse einer empirischen Untersuchung. Springer Verlag. Wiesbaden 2018

Renner, K.-H./Jacob, N.-C.: (2020). Das Interview Grundlagen und Anwendung in Psychologie und Sozialwissenschaften. 1. Auflage. Springer Verlag. Wiesbaden.

Richardson, L.: Writing A Method of Inquiry. In: Denzin, N. K./Lincoln, Y. S.: Handbook of Qualitative Research. Sage Publications. Thousand Oaks 2000, S. 923-948

Ruhr Universität Bochum (2021). Qualitative Inhaltsanalyse nach Kuckartz, https://methodenzentrum.ruhr-uni-bochum.de/e-learning/qualitative-auswertungsmethoden/qualitative-inhaltsanalyse/qualitative-inhaltsanalyse-nach-kuckartz/ , abgerufen am 10.12.2021

Schnell, R./Hill, P. B./Esser, E.: Methoden der empirischen Sozialforschung, 6. Aufl., Oldenbourg, München 1999

Schuler, H.: Das Einstellungsinterview: Ein Arbeits – und Trainingsbuch. Hogrefe. Göttingen 2018

Steinke, I.: Gütekriterien qualitativer Forschung. In: Flick, U./Kardoff, E. v./Steinke, I.: Qualitative Forschung: Ein Handbuch. Rowohlt. Reinbek bei Hamburg 2008

Wassong, T.: Datenanalyse in der Sekundarstufe I als Fortbildungsthema. Springer Fachmedien. Wiesbaden 2017

Writing-science.com (2022). Arten der Inhaltsanalyse nach Kuckartz, https://writing-science.com/ghostwriter-qualitative-forschung/inhaltsanalyse-kuckartz/inhaltlich-strukturierend-evaluativ-typenbildend/#:~:text=W%C3%A4hrend%20es%20bei%20der%20inhaltlich,Klassifizierung%20von%20Inhalten%20im%20Vordergrund. , abgerufen am 07.02.2022

Wübbenhorst, K. (2018). Gütekriterien, https://wirtschaftslexikon.gabler.de/definition/guetekriterien-35152/version-258640 , abgerufen am 09.02.2022

BEI GRIN MACHT SICH IHR WISSEN BEZAHLT

- Wir veröffentlichen Ihre Hausarbeit,
  Bachelor- und Masterarbeit

- Ihr eigenes eBook und Buch -
  weltweit in allen wichtigen Shops

- Verdienen Sie an jedem Verkauf

Jetzt bei www.GRIN.com hochladen
und kostenlos publizieren